100 blagues! Et plus...
N° 36

Blagues et devinettes
Faits cocasses
Charades

W9-CZN-557

Illustrations :
Dominique Pelletier

Compilation :
Julie Lavoie

Éditions
MSCHOLASTIC

100 blagues! Et plus…
N° 36
© Éditions Scholastic, 2015
Tous droits réservés
Dépôt légal : 2ᵉ trimestre 2015
ISBN 978-1-4431-4571-8
Imprimé au Canada   140

Éditions Scholastic
604, rue King Ouest
Toronto (Ontario)
M5V 1E1
www.scholastic.ca/editions

Les poulets sont environ quatre fois
plus gros aujourd'hui qu'ils
ne l'étaient en 1960.

— Martin, je te dis que Mozart
est mort, alors arrête de le
chercher...
— Il faut me croire! Regarde
dans le frigo. Mozzarella!
(Mozart est là!)

• •

Mon premier est la cinquième
voyelle de l'alphabet.

Mon deuxième est ce que fait
le cheval lorsqu'il lève
brusquement ses pattes arrière.

Mon troisième est le participe
passé du verbe boire.

Mon tout est un oiseau de proie.

4

En 2014, la gymnaste la plus âgée au monde était une Allemande de 86 ans. Elle a commencé à s'entraîner à l'âge de 50 ans!

Mon premier est un métal
précieux.

Mon deuxième brûle.

Mon troisième est confortable
pour dormir.

Mon quatrième est une syllabe du
mot dénaturer qui est aussi dans
bananier.

Mon tout est un établissement
pour enfants.

À l'époque victorienne, il était hors de question que les gens riches se salissent les mains en lisant le journal! Un employé repassait donc chaque page afin de sécher l'encre.

QU'EST-CE QUE LES GIRAFES ONT ET QUE
LES AUTRES ANIMAUX N'ONT PAS?

RÉPONSE : DES GIRAFEAUX.

Il y a 108 de mon premier dans
ce livre.

Mon deuxième est la lettre E
prononcée en anglais.

Mon troisième s'allonge quand
Pinocchio ment.

Mon tout permet de s'y retrouver
facilement.

— Pierrot, tu connais le règlement! Quand tu entres dans la classe, tu dois enlever tes bottes!

— Mais monsieur le directeur, je ne porte pas mes bottes!

— Alors qu'as-tu aux pieds si ce ne sont pas tes bottes?

— Ce sont celles de mon frère...

Ti-Guy et Ti-Jean s'en vont en camping.

— As-tu apporté des allumettes? demande Ti-Guy à son copain.

— Bien sûr que j'en ai apporté! Quel idiot partirait en camping sans allumettes? Même que je les ai toutes testées pour voir si elles s'allumaient bien...

En 2014, à Montréal, s'est déroulé le Défi du père Noël, une course à pied au profit de la fondation d'un hôpital. Quelques centaines de coureurs déguisés en père Noël ont participé à l'événement.

Luc et Jeannot vont à l'école à pied :

— Les adultes pensent vraiment qu'ils doivent tout nous dire… Regarde cette pancarte. « Vous approchez d'une école, RALENTISSEZ ». Ils n'imaginent tout de même pas qu'on va y aller en courant!

POURQUOI MARILOU PORTE-T-ELLE UN GILET DE SAUVETAGE POUR ALLER À L'ÉCOLE?

RÉPONSE : ELLE VEUT ÊTRE CERTAINE DE NE PAS COULER.

Avez-vous un billet de banque dans vos poches? Avez-vous déjà pensé au nombre de personnes qui ont eu ce billet entre les mains avant vous? Il a peut-être été rangé dans un soulier. Il a peut-être été éclaboussé de soupe ou a été manipulé avec des doigts graisseux. Vous avez compris : l'argent est utile, mais pas très propre...

La politesse nous empêche de
les laisser s'échapper en public,
mais tous les gaz, ou pets, retenus
pendant la journée finissent par
sortir... C'est souvent la nuit qu'on
pète le plus.

Plus on monte en altitude, plus on produit de gaz intestinaux. Parlez-en aux alpinistes! S'ils ne sont pas évacués, les gaz peuvent causer de sérieuses douleurs abdominales.

Ce phénomène est causé par la variation de la pression atmosphérique.

— J'ai fait un test de personnalité, dit Philippe à sa mère. J'ai seulement deux défauts, mais ciel, qu'ils sont gros!

— Deux défauts? Lesquels? demande sa mère.

— Le premier, c'est que je suis vraiment désorganisé.

— Et le deuxième?

— Euh... Je ne m'en souviens plus!

— Je crois que je sais! Tu n'as pas de mémoire...

QUEL EST L'AVANTAGE DE VIVRE DANS UNE MAISON RONDE?

RÉPONSE : LES PARENTS NE PEUVENT PAS METTRE LES ENFANTS AU COIN.

Mon premier est une substance adhésive.

Mon deuxième est une voyelle qui se boit.

Mon troisième est là où l'oiseau pond ses œufs.

En 1608, Samuel de Champlain a officiellement fondé mon tout en Nouvelle-France.

Toc! Toc! Toc!
— Qui est là?
— Jean.
— Jean qui?
— Jean peut plus de répondre à tes questions!
(Je n'en peux plus de répondre à tes questions!)

● ●

Toc! Toc! Toc!
— Qui est là?
— Sam.
— Sam qui?
— Sam tente pas de te répondre!
(Ça ne me tente pas de te répondre!)

VRAI OU FOU?

1 — Une mornifle est un mot familier pour dire gifle.

2 — Un manichordion est le nom d'un instrument de musique du Moyen Âge.

3 — Un crampillon est un morceau de bois mou qu'un patient serrait avec ses dents pour mieux supporter la douleur pendant qu'on l'opérait.

Au cours de sa vie, le crocodile peut avoir jusqu'à 3 000 dents!

Une mère dit à son fils :

— Vincent, j'aimerais bien que tu m'écoutes quand je te parle.

— Je t'écoute! Comment peux-tu penser le contraire?

— Tu n'arrêtes pas de bâiller!

— Alors là, tu ne comprends vraiment rien! C'est parce que je t'écoute que je bâille!

— Monsieur, vous n'avez pas le droit de pêcher ici! dit l'agent de conservation de la faune. Je vais vous donner une amende!

— Mais vous vous trompez! répond l'homme. Je ne pêche pas. Je suis simplement en train de donner un cours de natation à mon ver de terre...

● ●

Un homme est en train de pêcher au bord du lac lorsqu'une femme s'approche en gesticulant :

— Vous ne savez pas lire? s'écrie-t-elle en montrant une pancarte. C'est écrit : TERRAIN PRIVÉ.

— Madame, je ne lis jamais les messages privés...

Pour grandir, le serpent doit muer.
Il change de peau comme
s'il s'agissait d'un vêtement
devenu trop petit...

Deux souris voient passer une chauve-souris…
— Regarde! Un ange!

· ·

On hisse le drapeau à mon premier.

Les artistes ressentent souvent mon second avant d'entrer en scène.

Mon tout est une sorte de bâton qu'ont les policiers pour se défendre.

En 2014, une Chinoise détenait
le record des cheveux les plus longs
du monde. Ils mesuraient plus de
5,5 m de longueur! Elle a commencé
à les laisser pousser en 1973...

Si tu manges trop de carottes,
ta peau risque de prendre une teinte
orangée. Par contre, tu n'as rien à
craindre si tu manges trop de brocoli...
Tu ne deviendras pas vert!

COMMENT LE PREMIER MINISTRE SE
PORTE-T-IL?

RÉPONSE : SUR SES DEUX JAMBES.

Mon premier est la partie du
bateau sous le pont.

Mon second est un des aliments
préférés des Français.

Mon tout sert d'aide-mémoire.

QU'ONT EN COMMUN UN VEAU ET
UN CHAMEAU?

RÉPONSE : LES TROIS DERNIÈRES LETTRES.

— Est-ce que monsieur Lebrun
travaille ici? demande un homme
à la réception d'un bureau.
— Il n'y a pas de monsieur Lebrun
ici. Par contre, il y a monsieur
Leblanc.
— C'est probablement le même
gars. Il vivait en Floride quand je
l'ai connu, mais ça fait maintenant
10 ans qu'il vit au Québec...

— Docteur, tout le monde me dit que je pue des pieds.

— Les lavez-vous?

— Bien sûr, mais au bout d'un mois, ça recommence à puer...

• •

— Maman, j'aimerais savoir ce qu'on devient quand on meurt.

— Ma chérie, tu es née poussière et tu redeviendras poussière...

— Au secours! Il y a des morts sous mon lit!

Papillons voyageurs...
Chaque automne, des millions de
monarques quittent le Canada pour
le Mexique. Ce voyage migratoire
de plus de 4 500 km dure environ
deux mois!

La sterne arctique est un oiseau
extraordinaire. Chaque année,
lors de sa migration entre
l'Arctique et l'Antarctique,
elle parcourt environ 70 000 km!

L'entraîneur d'une équipe de soccer parle à un journaliste.

— Nous avons vraiment une équipe extraordinaire cette année. Les joueurs sont au sommet de leur forme. Bien entendu, notre équipe n'a perdu aucun match et n'a concédé aucun but...

— C'est fort ça! Combien de parties avez-vous jouées? demande le journaliste.

— La première partie aura lieu dimanche prochain.

Mon premier n'est pas propre.

Mon deuxième est la troisième
voyelle de l'alphabet.

Les vampires boivent mon
troisième.

Mon tout est surtout vrai dans
le cas du blanc.

• •

En pleine nuit, deux petits
fantômes se promènent dans
la forêt.
— Hou! Hou! Hou! fait l'un.
— Si tu veux me faire peur, ça
ne marche pas du tout!
— Mais non! Je viens juste
de me cogner!

Deux mites discutent dans un chandail.

— J'ai entendu dire que tu allais déménager...

— Oui, j'ai l'intention de m'installer au bord de la manche...

• •

— Un rat d'égout rencontre une jeune taupe et lui demande :

— Que veux-tu faire dans la vie, petite taupe?

— Je rêve de devenir taupe-modèle (top-modèle)!

ISABELLE, TORONTO (ONTARIO)

Un éternuement peut projeter
un objet à plus de 60 km à l'heure.
Selon certaines sources, cette vitesse
pourrait même atteindre plus de
150 km à l'heure! Les particules et
microbes rejetés peuvent parcourir
plus de cinq mètres, d'où l'importance
d'éternuer dans son coude!

Mon premier est une voyelle qui signifie l'excellence.

Mon deuxième est le bruit de la poule.

Mon troisième ne dit pas la vérité.

On trouve mon tout au bord de la route.

COMMENT FAIT-ON POUR ENFONCER
UN CLOU AVEC UN MARTEAU SANS SE
FRAPPER SUR LES DOIGTS?

RÉPONSE : ON TIENT LE MARTEAU À
DEUX MAINS.

QU'EST-CE QUI EST VERT ET QUI SE
DÉPLACE SOUS L'EAU?

RÉPONSE : UN CHOU MARIN
(SOUS-MARIN).

Au mois d'octobre, une poule sort du poulailler et s'exclame :

— Brrr! Quel froid de canard!

Un canard lui répond :

— Je dirais même plus! J'en ai la chair de poule...

QU'EST-CE QUI EST À TOI, MAIS QUE TON ENTOURAGE UTILISE PLUS QUE TOI?

RÉPONSE : TON PRÉNOM.

Mon premier est le mot mal au pluriel.

Mon second est le symbole de l'amour.

Mon tout aime plaisanter.

POURQUOI THÉO A-T-IL LE DOS COURBÉ?

RÉPONSE : IL PORTE UNE CRAVATE À POIS (POIDS).

— Docteur, tout le monde me dit que je suis le plus menteur des menteurs.

— Je trouve ça très difficile à croire...

● ●

— Docteur, mon mari se traîne comme un escargot.

— Avez-vous essayé d'aborder le sujet avec lui?

— Impossible. Il refuse de sortir de sa coquille...

Il n'y a pas d'âge pour faire ce que l'on aime! Une Américaine a célébré son 100ᵉ anniversaire en sautant en parachute. C'était sa troisième fois. Elle avait fait son premier saut à l'âge de 90 ans!

Des scientifiques estiment qu'en Australie, les trois quarts des espèces vivantes, incluant les algues, les champignons et les insectes, sont encore inconnus aujourd'hui.

POURQUOI LES BALLES DE GOLF SONT-
ELLES BLANCHES ET PETITES?

RÉPONSE : PARCE QUE SI ELLES ÉTAIENT
JAUNES ET GROSSES, CE SERAIENT DES
BALLES DE TENNIS.

— Mange tes légumes! dit la maman à sa petite fille. Ce qui est vert est très bon pour toi.

— Hum... Tout ce qui est vert?

— Oui! Tout ce qui est vert.

— Alors, laisse tomber les petits pois et donne-moi de la crème glacée à la pistache, s'il te plaît.

QUEL EST LE MOMENT DE LA JOURNÉE
QUE LES VAMPIRES PRÉFÈRENT?

RÉPONSE : LE *COUP* DE MINUIT
(COU DE MINUIT).

QUELLE EST LA CHANSON PRÉFÉRÉE
DES VAMPIRES?

RÉPONSE : *BOIRE UN P'TIT COUP, C'EST
AGRÉABLE* (UN PETIT COU).

La mouche a une vision extraordinaire!
Ses yeux captent les signaux lumineux
près de 10 fois plus rapidement que
nous. De plus, elle a un champ de vision
très large comparé au nôtre. Voilà
pourquoi il est si difficile de l'intercepter
avec une tapette à mouches!

Le nid de l'oiseau emblématique des États-Unis, le pygargue à tête blanche, peut mesurer plus de deux mètres de diamètre et plus de quatre mètres de hauteur!

QUE RACONTE LE PAPA TYRANNOSAURE
À SES PETITS AVANT DE LES METTRE
AU LIT?

RÉPONSE : TOUJOURS LA MÊME
PRÉHISTOIRE

POURQUOI LES VAMPIRES VONT-ILS AU
THÉÂTRE?

RÉPONSE : ILS AIMENT LES *COULISSES*
(COUS LISSES).

En 1924, des joueurs du Canadien se rendaient en voiture à une fête pour célébrer leur victoire de la Coupe Stanley. Ils ont eu une crevaison. Les équipiers se sont affairés à changer la roue, mais lorsqu'ils sont enfin arrivés à la fête, ils ont réalisé qu'ils avaient oublié leur précieux trophée au bord du chemin! Heureusement, ils l'ont retrouvé là où ils l'avaient laissé!

Trois gros bêtas vont au casino.

Le premier met un dollar dans la machine. Rien ne se produit.

Le deuxième met un dollar dans même la machine. Rien ne se produit.

Le troisième met lui aussi un dollar dans la machine et tout à coup...

Une boisson gazeuse tombe!

Mon premier est une note de
musique qui veut aussi dire moitié.

Tu obtiendras mon deuxième en
inversant les deux lettres d'un
métal très précieux.

Mon troisième est un récipient
pour servir la soupe.

Mon quatrième dure 12 mois.

Mon tout est fantastique.

Comme tous les arbres, le sapin est l'habitat de milliers de bestioles microscopiques, qui hibernent pendant la saison froide. Pendant le temps des fêtes, lorsqu'on rentre un sapin dans la maison pour le décorer, la chaleur réveille tous les habitants de ce village vert... Et ils n'attendront pas le réveillon pour faire la fête!

Un zombie entre dans un restaurant et commande une soupe. Le serveur visiblement troublé la lui apporte. Quelques minutes plus tard, le client demande la facture.

— Ça fait dix dollars, dit le serveur, effrayé.

— Pourquoi avez-vous si peur? lui demande le zombie.

— Euh... C'est la première fois qu'un zombie vient ici.

— Moi, ça ne m'étonne pas! Dix dollars pour un bol de soupe...

L'enseignante demande à Félix :

— Donne-moi trois raisons prouvant que le réchauffement climatique est une réalité?

— Un : maman me l'a dit. Deux : papa me l'a dit. Trois : vous l'avez dit.

QUE FAUT-IL FAIRE À HENRI POUR QU'IL TE PRÊTE SON TÉLÉPHONE INTELLIGENT?

RÉPONSE : UNE ANESTHÉSIE GÉNÉRALE.

COMMENT S'APPELLE L'OBJET QUI
PERMET DE VOIR À TRAVERS LES MURS?

RÉPONSE : LA FENÊTRE.

— Que fait cette mouche dans
mon verre de vin? demande le client
à la serveuse.

— Laissez-moi regarder. Ah! On
dirait qu'elle essaie d'apprendre à
nager...

Mon premier est la lettre D
prononcée en anglais.

Mon deuxième est un personnage
fantastique féminin, qui tient
une baguette.

Mon troisième se forme avant de
monter dans l'autobus.

Mon tout se distingue des autres.

....

Mon premier est le résultat de
l'opération 63 – 3 – 50.

À la météo, on dit les prévisions
de mon second.

Mon tout est peu chaleureux.

55

En 2013, la consommation moyenne de poulet par habitant au Canada était de plus de 30 kg!

En 2013, la consommation
moyenne d'œufs par habitant
au Canada était de plus de 12 kg!

On cogne à mon premier avant d'entrer.

Mon second sent fort et repousse les vampires.

Mon tout est un terme du web.

• •

Mon premier est le résultat de l'opération 10 X 100.

On tricote avec mon deuxième.

Mon troisième est plus pur dans la nature qu'en ville.

Mon tout dure longtemps.

Le mot sandwich qui désigne ce mets
populaire serait apparu au XVIIIᵉ siècle.
Il tient son nom de John Montagu, le
4ᵉ comte de Sandwich, une ville
d'Angleterre. L'homme, semble-t-il,
n'aimait pas interrompre ses activités pour
manger. On lui servait donc de la viande
entre deux tranches de pain. Une façon
rapide de manger... sans se salir les mains!

— Bonjour madame, dit Sophie à la vendeuse. J'aimerais essayer la jolie robe dans la vitrine.

— Dans la vitrine! Vous seriez sûrement plus à l'aise dans le salon d'essayage...

POURQUOI EST-CE BIEN D'AVOIR DES TROUS DANS SES SOUS-VÊTEMENTS?

RÉPONSE : ÇA PERMET D'Y PASSER LES JAMBES.

La partie de hockey va bientôt commencer. Jérôme est gardien de but. Il s'installe devant son filet, l'air confiant. Dès la première minute de jeu, un joueur de l'équipe adverse s'empare de la rondelle. Il lance et compte! Quelques secondes plus tard, Jérôme laisse passer un deuxième lancer et un troisième, puis un quatrième...

L'entraîneur est furieux. Il demande un arrêt de jeu pour parler à son gardien de but.

— Ça ne va pas ou quoi? Pourquoi n'essaies-tu pas d'arrêter les lancers?

— Pourquoi ferais-je ça? As-tu vu derrière moi? Il y a un filet pour arrêter les rondelles.

Le porc-épic se déplace lentement.
Pour se défendre contre
ses prédateurs, comme le loup et
le coyote, il se roule en boule et
hérisse ses quelque 30 000 piquants...

Mon premier est ce que tu fais avant de souffler les bougies sur ton gâteau d'anniversaire.

Si tu empruntes de l'argent à la banque ou à quelqu'un, tu contractes mon second.

Mon tout fait souvent la une des journaux.

• •

Mon premier accompagne très souvent le mot « ne ».

Mon second est un synonyme d'obéissant.

Mon tout permet de circuler.

Martin voit Julie qui se frappe la tête contre un mur.

— Tu vas te fendre le crâne! Arrête, tu vas te faire mal!

— Mais ça va me faire du bien quand je vais arrêter…

• •

Au restaurant :

— Serveur, pouvez-vous m'apporter un verre d'eau s'il vous plaît?

— Bien sûr. Et avec ça?

— Avec ça, je n'aurai plus soif. Merci.

— Pourquoi papa n'a-t-il pas de cheveux? demande un petit garçon à sa maman.

— Ton papa réfléchit beaucoup. Voilà pourquoi il a perdu tous ses cheveux.

— Alors toi, tu ne dois pas réfléchir du tout...

QU'EST-CE QU'ON NE DOIT JAMAIS FAIRE QUAND ON VOIT UN POISSON-SCIE?

RÉPONSE : LA PLANCHE.

Une jeune patineuse artistique de la Nouvelle-Écosse a battu un record de vitesse étourdissant... Pendant qu'elle effectuait une pirouette, un appareil qu'elle portait a enregistré une vitesse de 342 rotations par minute! L'ancien record détenu par une Russe était de 308 rotations par minute!

Une femme entre dans un cabinet d'avocats.

— Bonjour, Maître. Puis-je savoir combien ça va me coûter pour vos conseils?

— Cent dollars la question. J'écoute votre deuxième question...

QUEL EST LE SEUL FRUIT CAPABLE DE SE DÉFENDRE?

RÉPONSE : L'AVOCAT.

POURQUOI LE SQUELETTE TRANSPORTE-T-IL SA PIERRE TOMBALE PARTOUT OÙ IL VA?

RÉPONSE : AU CAS OÙ ON LUI DEMANDERAIT UNE PIÈCE D'IDENTITÉ.

POURQUOI LES FANTÔMES FONT-ILS DE BONNES BLAGUES?

RÉPONSE : ILS ONT DE L'ESPRIT.

Si au cours de ta vie, tu dors en moyenne huit heures par nuit, à l'âge de 72 ans tu auras passé l'équivalent de 24 ans à dormir.

VRAI OU FOU?

1 — Un méhari est un dromadaire.

2 — Un cramponnet est une poignée dans la voiture, qui permet aux passagers de se tenir lorsque le conducteur fait des manœuvres brusques.

3 — Un cirrostratus est une sorte de nuage.

Vous voulez un chien, mais vous ne voulez pas qu'il jappe? Il vous faut un basenji! Les chiens de cette race ne jappent pas… Ils chantent! Les sons qu'ils émettent sont aigus et ressemblent à des vocalises.

QUEL EST LE PLUS GRAND AVANTAGE
D'ÊTRE INTELLIGENT?

RÉPONSE : ON PEUT FAIRE SEMBLANT DE
NE PAS L'ÊTRE.

POURQUOI LE FERMIER EST-IL TOUT NU
DANS SON POTAGER?

RÉPONSE : IL ESSAIE DE FAIRE ROUGIR
SES TOMATES.

COMMENT APPELLE-T-ON LE GRAND
PATRON DES VAMPIRES?

RÉPONSE : *MONSEIGNEUR*
(MON SAIGNEUR).

POURQUOI LES JEUNES VAMPIRES NE
VONT-ILS PAS À L'ÉCOLE?

RÉPONSE : ILS PRÉFÈRENT
LES SAIGNEMENTS À L'ENSEIGNEMENT.

— Marianne, tu ne sais pas encore écrire le mot « français »! Ce soir, comme devoir, tu écriras 25 fois cette phrase : Je suis nulle en français.

Le lendemain...

— Tu n'as pas fait ce que je t'ai demandé! Je t'avais dit d'écrire la phrase 25 fois et j'en compte seulement 16!

— C'est que je suis aussi nulle en mathématiques...

Avant 1930, il n'y avait pas de lignes sur les routes. C'est John D. Millar, un employé du ministère des Transports de l'Ontario, qui a eu l'idée de peindre des lignes sur la chaussée afin de rendre la circulation plus sécuritaire. Quelques années plus tard, les conducteurs de toute l'Amérique du Nord profitaient de son invention.

Mon premier est synonyme de
visage.

Mon deuxième est la lettre T
en anglais.

Dans plusieurs grandes religions
du monde, il y a un seul de mon
troisième.

Mon tout est vraiment pénible.

— Es-tu toujours amoureuse de ton parachutiste? demande Valérie à une ancienne collègue.

— Non... Je l'ai laissé tomber. Et toi, sors-tu toujours avec ton joueur de hockey?

— Non, je l'ai plaqué...

POURQUOI CERTAINS ENFANTS PLEURENT-ILS QUAND IL FAIT FROID DEHORS?

RÉPONSE : C'EST QU'ILS SONT SENTIMENTAUX (SANS P'TIT MANTEAU).

Mon premier est un récipient
pour boire.

Mon second est la septième lettre
de l'alphabet.

Mon tout est un terrain planté
d'arbres fruitiers.

• •

Mon premier est le résultat de
l'opération 43 + 63 — 96.

Ton chandail a deux de mon
second.

Mon tout est dans le calendrier.

À Saint-Paul, en Alberta, il y a
une piste d'atterrissage spéciale
pour les ovnis, que les touristes
terriens peuvent visiter.

Mon premier est la troisième consonne de l'alphabet.

Avant de monter sur scène, les artistes ressentent souvent mon deuxième.

Mon troisième est une syllabe qu'on retrouve dans les mots risquer et compliqué.

Mon tout ne fonctionne pas bien.

QUESTION EXISTENTIELLE : SI L'HOMME DESCEND DU SINGE, LE SINGE, LUI, DESCEND DE QUOI?

RÉPONSE : IL DESCEND DE L'ARBRE.

Une enseignante dit à ses élèves :

— Comme sujet de rédaction, imaginez que vous présidez une grande entreprise. Expliquez à quoi ressemblerait votre journée de travail.

Toute la classe se met alors à écrire sauf Alexandra, qui attend les bras croisés.

— Qu'attends-tu pour commencer? lui demande son enseignante.

— J'attends mon assistante.

• •

— À demain, dit Ariane.

— À deux pieds, répond Martin.

Même si cela n'est pas toujours évident, le lombric, appelé communément ver de terre, a bel et bien une tête… et un derrière. Lorsqu'il est coupé en deux, les deux sections du lombric continuent de se tortiller pendant un moment. Toutefois, seule la section qui comporte la tête peut survivre et se régénérer, car c'est là que se trouvent les organes vitaux.

Ver ou serpent? En Australie, il existe une espèce de lombrics géants. Leur longueur moyenne est d'un mètre, mais certains vers peuvent faire près de trois mètres de long!

QUELLE SORTE DE COUP NE FAIT PAS MAL?

RÉPONSE : LE COUP DE FIL.

— Est-ce que je suis venimeux? demande un petit serpent à sa maman.

— Non, mon chéri. Pourquoi me poses-tu la question?

— Ouf! C'est que je viens de me mordre la langue.

QUEL EST LE JEU PRÉFÉRÉ DES PETITS
KANGOUROUS?

RÉPONSE : LE JEU DE POCHES.

QUEL GENRE DE LIVRES LES KANGOUROUS
LISENT-ILS?

RÉPONSE : DES LIVRES DE POCHE.

La mante religieuse est une créature
vorace. Elle se cache dans l'herbe
haute et se nourrit d'insectes
imprudents qui osent s'aventurer
près d'elle.

Des araignées qui font du ski
nautique... sans se mouiller!
Les Gerris, que nous appelons
communément araignées d'eau,
marchent et sautent sur l'eau sans
jamais se mouiller!

Mon premier est la lettre symbolisant la multiplication prononcée en anglais.

Mon deuxième est une consonne qui se retrouve deux fois dans propager et une fois dans respirer.

Mon troisième est une céréale prisée en Asie.

Mon quatrième ne dit pas la vérité.

Mon cinquième est une syllabe du mot réitérer, qui est aussi dans pathétique.

Mon tout s'y connaît.

Les poux pondent des œufs appelés
lentes. Ils peuvent en pondre
une dizaine par jour et plus de
300 au cours de leur vie. Environ
une semaine après la ponte, les petits
poux naissent… Et trois semaines plus
tard, ceux-ci commencent à pondre
des œufs à leur tour!

POURQUOI JEAN-GUY FAIT-IL DE LA
MOTO EN PYJAMA?

RÉPONSE : IL AIME SE COUCHER DANS
LES VIRAGES.

Une famille d'escargots se
promène sur une plage. La maman
voit une limace et s'écrie :
— Aaah! Nous sommes sur
une plage de nudistes!

Dans votre assiette, le persil n'est
pas seulement une décoration!
Il est efficace pour rafraîchir
l'haleine et aide, semble-t-il,
à réduire les odeurs corporelles...

QU'EST-CE QUI EST PLUS DÉGOÛTANT QUE DE TROUVER UN VER DANS SA POMME?

RÉPONSE : TROUVER LA MOITIÉ D'UN VER DANS SA POMME.

— Dans ma famille, on a tous les mêmes oreilles, explique Mathieu à Louis.

— Pauvre toi! Ça ne doit pas être pratique… Moi, dans ma famille, chacun a ses propres oreilles.

En classe, Marc-André semble distrait. Son enseignant lui demande :

— S'il y a quatre canards au bord de l'étang et que le chasseur en tue un, combien en reste-t-il?

— Aucun, répond l'élève.

— Vraiment?

— Vraiment, car en tirant, le chasseur les a tous fait fuir.

Le nécrophore d'Amérique est un insecte charognard mesurant environ trois centimètres de longueur. Il se nourrit de petits animaux morts qu'il enterre soigneusement avant de disparaître sous terre pour les dévorer. Il peut enterrer le cadavre d'une souris en une seule nuit!

Grâce à ses antennes ultra-
développées, le nécrophore
d'Amérique peut déceler l'odeur
de chair en décomposition à plus de
trois kilomètres de distance!

Mon premier est le résultat de l'opération 45 + 7 – 50.

Mon deuxième se termine à la mort.

Mon troisième est un petit mot synonyme de propre.

Mon tout est amusant.

POURQUOI LE PRÊTRE N'A-T-IL PAS BESOIN DE VOITURE?

RÉPONSE : IL PORTE DES VÊTEMENTS SACERDOTAUX (ÇA SERT D'AUTO).

Il existe des coccinelles à 2, 5, 7, 10, 14, 22 et même à 24 points! Le nombre de points ne détermine pas l'âge de la coccinelle, mais plutôt son espèce.

Un coq, un canard et un mouton ont été les premiers êtres vivants à s'envoler à bord d'une montgolfière. Ce vol historique s'est déroulé le 19 septembre 1783 en France, à Versailles, sous les yeux du roi Louis XVI.

Mon premier est le cinquième mois de l'année.

Le crawl et la brasse sont des types de mon second.

Mon tout est une activité nécessaire qui n'est pas particulièrement plaisante.

● ●

Mon premier dure 24 heures.

Mon second est le mot « non » en anglais.

Mon tout permet de se tenir informé.

Au restaurant, un homme demande à voir le chef :

— Monsieur le chef, je trouve cela bien joli de faire des petits motifs sur vos carrés de beurre, mais voyez-vous, il y a un cheveu dans le mien et c'est assez dégoûtant.

— C'est vrai que c'est un joli motif, n'est-ce pas? Je le fais avec mon peigne…

POURQUOI LES JOUEURS D'UNE ÉQUIPE DE HOCKEY VONT-ILS SOUVENT CHEZ LE COIFFEUR?

RÉPONSE : C'EST LA SEULE FAÇON QU'ILS ONT TROUVÉE POUR OBTENIR UNE COUPE.

En 2014, des paléontologues ont annoncé la découverte, en Argentine, des restes du plus gros dinosaure jamais trouvé à ce jour. Les spécialistes estiment que cet herbivore géant faisait 40 mètres de long et pesait 100 tonnes, soit l'équivalent du poids de 14 éléphants.

QUEL EST LE COMBLE POUR UN DINOSAURE?

RÉPONSE : C'EST DE VOULOIR CHANGER D'ÈRE (CHANGER D'AIR).

En revenant de l'école, Maxime dit à son père :

— L'année va être longue... Mon enseignante ne sait rien. Elle n'a même jamais vu un cheval.

— Qu'est-ce que tu racontes? C'est impossible, réplique son père.

— Je t'assure que c'est vrai! J'ai dessiné un bel étalon noir et elle m'a dit : « Il est magnifique ton chien. »

La baudroie abyssale est un petit
poisson plutôt monstrueux.
Elle vit à quelques kilomètres dans
les profondeurs de l'océan, où il fait
très noir. Sa tige lumineuse au-dessus
de sa tête attire les autres poissons
et... miam!

QUELLE EST LA DIFFÉRENCE ENTRE
UNE TOMATE ET TOI?

RÉPONSE : LA TOMATE, ELLE, ARRIVERA
UN JOUR À MATURITÉ.

TROUVE UN MOT QUI COMMENCE PAR
UN E, QUI FINIT PAR UN E, ET QUI A
UNE SEULE LETTRE DEDANS.

RÉPONSE : ENVELOPPE.

Selon une croyance populaire,
une mouche qui tombe dans
un verre annonce la prospérité.

L'éditeur appelle un auteur :

— J'ai une bonne et une mauvaise nouvelle à vous annoncer. La bonne c'est que le roi Georges a vraiment adoré votre livre.

— Un roi qui aime mon livre? Quel honneur! s'exclame l'auteur. Et quelle est la mauvaise nouvelle?

— J'espère que vous en avez gardé un exemplaire, car le roi Georges, c'est mon chien...

Fais-nous rire!

Envoie-nous ta meilleure blague.
Qui sait? Elle pourrait être publiée dans
un prochain numéro des
100 BLAGUES! ET PLUS...

100 Blagues! et plus...
Éditions Scholastic
604, rue King Ouest
Toronto (Ontario)
M5V 1E1

Au plaisir de te lire!

Nous nous réservons le droit
de réviser, de modifier, de publier ou
d'utiliser les blagues à d'autres fins,
dont la promotion, sans autre avis ou
compensation.

SOLUTIONS

VRAI OU FOU?

Page 19

1 — Vrai.
2 — Vrai
3 — Fou. C'est une sorte de clou en forme de U.

VRAI OU FOU?

Page 70

1 — Vrai.
2 — Fou. C'est une pièce d'une serrure.
3 — Vrai.